AF230644

UNION CATHOLIQUE

DE LA SEINE-INFÉRIEURE

UNION CATHOLIQUE

DE LA SEINE-INFÉRIEURE

ASSEMBLÉE GÉNÉRALE

Du 18 Décembre 1884

PRÉSIDENCE DE SA GRANDEUR MONSEIGNEUR THOMAS

Archevêque de Rouen.

1° Compte rendu des travaux de l'année, par M. Paul ALLARD, président.

2° Rapport sur l'Exposition d'Imagerie religieuse, par M. l'abbé BOLTARD.

3° Rapport sur la médaille d'or décernée à la meilleure œuvre d'art religieux exposée au Salon rouennais, par M. Paul ALLARD.

4° Rapport sur la fondation d'une bourse à la Faculté catholique de médecine de Lille, par M. le comte d'ESTAINTOT.

5° Allocution de MONSEIGNEUR L'ARCHEVÊQUE

ROUEN

IMPRIMERIE NOUVELLE, PAUL LEPRÊTRE

75, Rue de la Vicomté, 75

1885

UNION CATHOLIQUE

DE LA SEINE-INFÉRIEURE

PROCÈS-VERBAL

DE L'ASSEMBLÉE GÉNÉRALE DU 18 DÉCEMBRE 1884

Présidence de Sa Grandeur Monseigneur Thomas

Archevêque de Rouen.

Le mardi 18 décembre 1884, l'*Union catholique de la Seine-Inférieure*, a tenu, à huit heures du soir, son assemblée générale annuelle, dans les salons Valot, 33, rue Jeanne-Darc.

Monseigneur l'archevêque occupait le fauteuil de la présidence, ayant à ses côtés M. l'abbé Bonamy, vicaire général ; M. Paul Allard, président de l'*Union catholique*; M. Bligny, vice-président ; M. l'abbé Regneaux, archiprêtre de la Métropole; MM. le comte d'Estaintot, Jules Le Picard, Degruson, membres de la Commission administrative; M. l'abbé Julien Loth, président de la section d'art chrétien, MM. Gouellain et Pelay, vice-présidents, M. l'abbé Boutard, secrétaire; M. Hédou, l'un des membres du jury de l'exposition d'imagerie religieuse, etc.

M. Paul Allard a rendu compte en ces termes des travaux de l'année :

MONSEIGNEUR,

L'année dernière, au lendemain de ses noces d'or, votre éminent et vénéré prédécesseur me fit demander ; il me parla, avec une bienveillance touchante, des efforts de l'*Union catholique*, et me dit ce mot, qui sera, pour le passé, notre titre de gloire : « J'aime cette œuvre parce qu'elle ne cherche pas le bruit, et qu'elle fait du bien. » Je m'enhardis alors à solliciter, pour une de nos assemblées générales, l'honneur de sa présidence. Il me le promit : vous avez voulu, Monseigneur, tenir cette promesse : nous vous en remercions tous avec une émotion profonde. En saluant à cette place Votre Grandeur, il nous semble revoir le pieux Pontife dont vous renouvelez parmi nous la sagesse, l'éloquence et les vertus.

Je viens de rappeler, Messieurs, un éloge venu de haut : il s'applique au temps où je n'avais point la charge de présider l'*Union catholique*, et il atteint, dans leur modestie, les excellents confrères qui l'ont successivement dirigée avant moi. Mais il m'impose, à moi qui essaie de marcher sur leurs traces, et qui ai souvent le plaisir de moissonner là où ils ont semé, le devoir d'examiner avec vous si, pendant l'année qui vient de s'écouler, nous sommes demeurés fidèles à cette belle formule : faire le bien sans chercher le bruit. Peut-être, cependant, conviendrait-il de l'expliquer d'abord, et de faire ainsi mieux connaître, à ceux de nos auditeurs qui n'ont pas suivi de près nos travaux, le caractère et le but de l'*Union catholique*.

Faire le bien est notre objet unique, comme celui de toutes les associations qui se dévouent au service de Dieu et des hommes. Mais il y a, diverses manières de faire le bien : on voit briller des astres de différentes grandeurs au firmament des œuvres catholiques. Nous sommes probablement un des plus près de la terre, comme ces petites étoiles qui, le soir, rasent le sommet des collines, et semblent toucher l'herbe humide de rosée. Pendant que les meilleurs de nos frères prient, pour nous, assistent Jésus-Christ dans la personne des pauvres, se consacrent aux grandes œuvres de foi, de prière et de charité, nous nous efforçons de servir la cause catholique par les moyens humains, dans la sphère des luttes de ce monde, dans les limites de la défense religieuse et sociale, résistant aux adversaires de nos croyances, de nos consciences et de nos libertés par les moyens qu'eux-mêmes emploient pour les attaquer, par l'école, par la parole, par la presse, par l'art lui-même, cet utile et charmant auxiliaire de la vérité.

Voilà de quelle manière nous essayons de faire le bien. Nous le faisons sans chercher le bruit parce que, personnellement désintéressés, nous poursuivons dans notre œuvre le bien général, non notre bien ou notre renom particuliers. Est-ce à dire que nous ayons peur du bruit, et que nous le fuyons quand il vient de lui-même à nous? Non Messieurs. Nous estimons qu'à l'heure présente les catholiques doivent faire front intrépidement à leurs adversaires, parler haut et regarder en face, et que, si les coups portés par eux dans la mêlée ont quelque retentissement, tant mieux pour leur cause ! L'année dernière, l'*Union catholique* a pris une part active au premier congrès des catholiques de la Normandie, grâce aux orateurs éminents, aux hommes considérables qui nous ont prêté leur concours, ce congrès a éveillé de nombreux échos : l'autorité de notre société s'en est accrue : qui le regrettera? Donc, nous voulons le bien, nous ne cherchons pas le bruit, nous ne fuyons pas le bruit : en trois mots voilà notre programme, dans lequel, il nous semble, la fierté et l'humilité chrétiennes, ces deux vertus qui ne s'excluent pas l'une l'autre, trouvent leur place.

Je viens de nommer le congrès catholique, et c'est par lui que je dois commencer la rapide revue des travaux de l'année.

Approuvé par le cardinal de Bonnechose, encouragé de loin par vous, Monseigneur, soutenu par les sympathies actives des catholiques de la province, fortifié par la présence des représentants les plus distingués du clergé, de l'industrie, de l'agriculture, enflammé par la parole, dirigé par les conseils des plus éloquents de nos sénateurs et de nos députés de la droite, il a porté d'heureux fruits : en pouvait-il être autrement ? J'ai entendu critiquer bien des fois les congrès ; parmi les critiques que j'ai retenues, celle-ci revenait souvent : A quoi bon ces assemblées ? elles se répètent l'une l'autre ; elles sont toutes coulées dans le même moule. A coup sûr, en ce qui concerne notre congrès, cette appréciation n'est pas exacte. Il a eu son originalité, il a été bien Normand. Si j'avais à définir l'esprit normand, je dirais : c'est un mélange, à dose égale, d'enthousiasme latent et de sens pratique, sens pratique toujours en éveil, enthousiasme toujours prêt à s'éveiller. C'est bien ce que nous avons vu au congrès. Peu de déclamations oiseuses, de discussions qui n'aboutissent pas, toujours un but pratique au bout des paroles. En même temps, un enthousiasme tel que, si vieux Rouennais que je sois, je n'en avais jamais vu de pareil à Rouen. Nos hôtes étrangers, venus avec des préjugés sur notre froideur et notre manque d'élan, me confessaient tous leur surprise. Ils ressemblaient à ces voyageurs qui croient marcher sur un sol aride, et qui tout à coup voient jaillir sous leurs pas d'immenses gerbes d'une eau limpide, où se jouent tous les rayons du soleil. C'était pour eux une révélation, c'était l'âme normande, cette âme dont Corneille fut la personnification la plus sublime, se dévoilant aux regards dans son élan naturel, dans sa pure beauté. Oui, vraiment, les Normands sont capables d'enthousiasme, et d'un enthousiasme d'autant plus vrai que, s'il les élève quelquefois au-dessus de terre, il ne les laisse, cependant, jamais perdre pied et s'égarer dans les nuages !

En même temps, Messieurs, il ne leur fait jamais perdre la prudence, qui est encore un fruit du terroir normand, et avec elle le sentiment de ces convenances·intimes qui sont, pourrait-on dire, la prudence enveloppée de délicatesse. Moi qui ai eu l'honneur immérité de présider le congrès, je puis lui rendre un témoignage qui ne sera pas démenti : ni dans ses réunions privées, ni dans ses séances publiques, un mot n'a été dit qui pût soulever d'inutiles ou irritants débats, troubler l'union d'âme et de cœur qui doit exister entre tous les catholiques, contrarier la liberté qui est de droit pour tous dans les innombrables questions d'appréciation ou de conduite, de préférence sociale et politique, où la foi n'est pas engagée, jeter une ombre sur la mémoire vénérée des grands défenseurs de l'Eglise en ce siècle, contrevenir d'avance à cet admirable mot d'ordre de pacification religieuse que faisaient entendre, il y a un mois, le pape et les évêques. Il en sera toujours ainsi de nos réunions, et si, comme vous avez bien voulu nous le laisser espérer, Monseigneur, une seconde session du congrès des catholiques de Normandie doit se tenir à la fin de l'année prochaine, le même esprit de soumission et de concorde ne cessera d'y régner.

Je ne saurais indiquer ici les nombreuses questions sur lesquelles le congrès a porté ce regard clair et pratique dont je parlais tout à l'heure ; je veux seulement mettre en lumière deux œuvres, entre plusieurs autres, dont la naissance lui est due. Le mois dernier, notre excellent et respecté confrère, M. le comte de Caulaincourt, disait, en inaugurant le congrès catholique de Lille, qui, vous le savez, est annuel : « Tous les ans, quelque œuvre nouvelle y est fondée. » Nous n'avons encore eu qu'un congrès normand, mais nous avons le droit d'être fiers, nous aussi, de la fécondité de ses travaux.

L'une des œuvres vivantes et, nous l'espérons, durables sorties du congrès est la création d'une société d'art chrétien annexée, sous forme de section spéciale, à l'*Union catholique*. Les bases en ont été jetées par la commission d'art chrétien du congrès, que dirigeait M. le baron d'Avril, président de la Société artistique de Saint Jean, diplomate des plus distingués, critique d'art des plus fins, confrère excellent et dévoué dont nous avons déjà mis bien des fois à profit les relations nombreuses et l'inépuisable obligeance. Je n'ai point à faire l'éloge de notre nouvelle section, elle est une partie de l'*Union catholique*, toute louange, par conséquent, m'est interdite. Je dirai seulement qu'elle a pour président M. l'abbé Loth, pour vice-présidents MM. Gouellain et Pelay, pour secrétaire M. l'abbé Boutard ; vous n'avez pas besoin d'indications plus détaillées, Messieurs, pour deviner la compétence sûre et délicate avec laquelle sont dirigés ses travaux.

Vous l'avez, d'ailleurs, vue récemment à l'œuvre ; l'*Exposition internationale d'imagerie religieuse française et étrangère*, qui reçut, à la fin de l'été dernier, six mille visiteurs, avait été organisée par la section, soucieuse de diriger l'attention publique vers les progrès déjà réalisés et les réformes encore réclamées par une branche considérable de l'art populaire, où le bon et le mauvais goût se combattent, à l'heure présente, presque à armes égales. Je n'en dirai pas davantage : M. l'abbé Boutard vous fera connaître tout à l'heure les décisions du jury qui a bien voulu se charger de désigner les lauréats auxquels seraient attribuées les médailles de diverses catégories fondées par la générosité de quelques-uns de nos amis; vous avez tout à gagner, Messieurs, à ce que je ne déflore sur aucun point le sujet qu'il a promis de traiter.

Un mot, cependant, sur une partie de l'exposition que le Jury n'a point eue à juger, et pour laquelle il ne saurait être question de concours, car tous ceux qui voulurent bien y prendre part ont un droit égal à nos remerciements et à notre reconnaissance : je veux parler de la petite et charmante collection rétrospective, qu'un des vice-présidents de la section avait organisée à côté de l'exposition d'imagerie moderne, pour fournir à une étude sérieuse d'utiles termes de comparaison. C'est à lui qu'il eût appartenu de décrire, avec son érudition précise et sa fine plume, les sculptures, les émaux, les miniatures, les faïences, les images peintes sur parchemin, découpées au canivet, enluminées avec un art parfois exquis, où revit le génie religieux, l'imagination naïve et colorée de nos pères. Je ne puis, moi, que remercier les collectionneurs généreux, MM. de Bellegarde, Gouellain, Pelay, Homberg, Baudry, d'Estaintot, Lormier, de Glanville, M. l'abbé Porée, M. l'abbé Loth, M. l'abbé Renaud, M. l'abbé de Beauvoir, Mme de Guillebon, Mlle Lenepveu, et tant d'autres, qui ont bien voulu prélever quelques spécimens de leurs riches cabinets, pour nous aider à former ce petit salon discret, pieux, intime, où l'on respirait avec délices le doux parfum d'autrefois, et où passait, à travers les vitraux, comme un dernier reflet de soleils depuis longtemps disparus. L'*Union catholique* prie toutes les personnes qui se sont associées avec une bonne grâce si aimable à sa modeste exposition rétrospective, de vouloir bien accepter une médaille de bronze, comme hommage de son reconnaissant souvenir.

Personne, Messieurs, ne nous reprochera d'avoir, en préparant cette manifestation artistique, à laquelle d'autres succéderont, dépassé le but et altéré la pensée première de l'*Union catholique*. En servant la cause de l'art chrétien, nous servons la cause de la religion et de la morale; nous appelons au combat livré pour la vérité un auxiliaire de plus, un allié dont la force se dissimule sous la grâce. Quand nous travaillons, en particulier, à réformer l'imagerie religieuse, nous pensons à l'enseignement des faibles, des pauvres, des petits, qui se fait surtout par les yeux : l'imagerie, bien comprise, est une forme de la prédication populaire; par elle aussi, par ces petites feuilles de papier qui valent quelques centimes, et que nous voudrions voir illustrées par des Raphaël, l'Evangile est prêché aux pauvres, pauvres d'argent ou pauvres d'esprit : *pauperes evangelizantur*. Aussi, dans notre désir, l'œuvre artistique ne se sépare qu'en apparence de nos œuvres scolaires : elle concourt au même but, et prend sa place sur le champ de bataille où les catholiques essaient de disputer à l'impiété régnante, à la libre-pensée et à la franc-maçonnerie l'âme des enfants du peuple.

Là est, Messieurs, la question de vie ou de mort. Nos adversaires savent où porter les coups. Frappez au visage, criait à ses soldats un général romain; frappez à l'enfant, crie l'impiété moderne, et le mot d'ordre, parti du fond des loges, fait le tour du monde politique, jusqu'à ce qu'un parlement docile le traduise en articles de loi. C'est l'œuvre de ces dernières années : vous la connaissez aussi bien que moi. Heureusement, messieurs, si criminellement employées qu'elles aient été, quelques années n'ont pas suffi à détruire l'œuvre d'un demi-siècle, et en un demi-siècle nos pères nous avaient conquis la liberté de l'enseignement. « La liberté ne se demande pas, elle se prend, » s'écriaient Lacordaire et Montalembert : et, tirant hardiment les conséquences d'un principe contenu dans la Charte de 1830, ils ouvraient une école primaire libre ; la France est maintenant couverte d'écoles primaires libres. Où en serions-nous sans cette généreuse initiative de deux grands catholiques ? Figurez-vous la France actuelle, la France de 1884, privée de la liberté de l'enseignement primaire ; figurez-vous CINQ MILLIONS d'enfants du peuple obligés d'apprendre la morale dans les manuels de M. Paul Bert, l'histoire dans les bons points scolaires que vous avez pu examiner, au Champ de Mars, dans la vitrine de la Ligue de l'Enseignement! Ce serait la fin de l'esprit français, car l'esprit français est inséparable du christianisme : quiconque en a sérieusement étudié la formation dans notre histoire et dans notre littérature le sait : je défie un homme intelligent, désintéressé et de bonne foi de me contredire sur ce point. A l'heure présente, défendre la liberté de l'enseignement primaire, soutenir nos écoles, y consacrer toutes les ressources demandées à la charité publique, est donc faire non-seulement œuvre chrétienne, mais œuvre patriotique et nationale : la liberté de l'enseignement primaire est la seule digue qui protège aujourd'hui l'esprit du peuple français, avec ses qualités naturelles si spontanées, si claires, si généreuses, contre l'envahissement de ce genre spécial de barbarie que Mgr. Dupanloup appelait éloquemment la barbarie savante, et qui serait la ruine irrémédiable de toute vraie science comme de toute noble civilisation.

Dans nos écoles libres, les élèves affluent: le vieux peuple franc est encore trop chrétien pour vouloir d'une éducation sans catéchisme entre des murs sans crucifix: partout où il peut choisir, il écarte ses enfants du palais scolaire que ses contributions ont payé, et l'envoie à l'école libre que la charité soutient. Mais les élèves ne suffisent pas pour constituer l'école: il faut des maîtres. Nous en avons d'admirables : ce n'est pas dans la ville ou s'élève, à l'entrée du faubourg populaire, la statue du Vénérable de la Salle, qu'on a besoin de faire l'éloge de ses disciples, et de révéler quels cœurs battent sous la bure grossière de leur vêtement. Mais si leur intelligence et leur dévouement sont à la hauteur de toutes les tâches, leur nombre ne correspond plus à l'étendue des besoins. A côté des écoles que laïcisent les municipalités, il y a, hélas! les écoles que laïcise le manque de maîtres congréganistes : il y a des écoles qui la peur de ne pas trouver de maîtres empêche la charité chrétienne de fonder. Jetons un cri d'alarme, messieurs, il en est temps. Ce cri, nous l'avons poussé il y a un an au congrès, ou plutôt nous avons prié un grand orateur de le pousser. M. Chesnelong a demandé la fondation immédiate d'une école normale d'instituteurs libres, laïques, pour venir à l'aide des instituteurs congréganistes : deux mois après, elle était fondée. Elle prospère aujourd'hui, messieurs, grâce au dévouement d'hommes que j'ai vus au travail, et qui me défendent de parler d'eux: à peine me permettent-ils de parler de leur œuvre, dont l'*Union catholique* est heureuse et fière d'être le berceau. Je n'en dirai qu'un mot : sous la conduite des disciples du Vénérable de la Salle, des jeunes gens envoyés de divers points de nos campagnes, soutenus par les ressources d'une caisse alimentée par des souscriptions volontaires, patronnés avec une sollicitude paternelle par les membres du comité chargé de la direction de l'œuvre, se préparent à obtenir les brevets nécessaires pour seconder dans l'enseignement libre les instituteurs congréganistes. Plusieurs de ces jeunes gens, munis du brevet simple, leur servent déjà d'auxiliaires. Le germe est posé, il se développe lentement, sous l'œil de Dieu. Sa bénédiction est visible pour tous ceux qui connaissent par les détails l'histoire de cette œuvre modeste, déjà féconde, où je ne sais ce qu'il faut le plus admirer, l'abnégation des maîtres, la docilité des élèves, le dévouement des hommes qui s'en sont fait les patrons, et dont plusieurs, ne pouvant plus servir par la justice la patrie ingrate, se vengent en la servant par la charité.

Une autre œuvre modeste et féconde était née, un an plus tôt, à l'*Union catholique*. J'ai plusieurs fois dans ce rapport prononcé le mot combat : en effet, messieurs, c'est une bataille incessante que nous devons livrer pour arracher aux griffes de la libre pensée l'âme des petits enfants. Rien ne coûte à nos adversaires pour l'attirer : ne sont-ils pas les maîtres du budget ? Fourniture gratuite des livres, du papier, des plumes, de tout le matériel scolaire, don de vêtements, de chaussures, de livrets de caisse d'épargne : quelle tentation pour les familles pauvres ! Elles ne peuvent attendre pour leurs enfants de telles largesses de nos écoles libres, péniblement soutenues par le budget volontaire de la charité. Venons au secours de ceux qui sont tentés : demandons hardiment aux catholiques, à qui l'on demande tant, à qui l'on demande toujours, les moyens de soutenir sur ce point encore la concurrence, et d'être aussi généreux pour les enfants des écoles congréganistes que nos adversaires le sont pour ceux des écoles laïques. Mais comment demander encore? Les temps sont mauvais, les besoins sont nombreux; bien des sources de la fortune publique et privée semblent atteintes : où trouver des ressources? Dans la plus humble des unités monétaires, le sou, multipliée par le plus puissant des multiplicateurs, la charité! Ainsi ont pensé les dames qui ont bien voulu accepter de l'*Union catholique* la belle mission d'organiser l'œuvre du *Sou des Ecoles chrétiennes*. Elles ont cru entendre des milliers de pauvres petits leur répéter ces vers d'une pièce charmante, *le Petit Savoyard* de Guiraud :

> Donnez, peu me suffit, je ne suis qu'un enfant.
> Un petit sou me rend la vie,

et elles ont placé, dans les salons, dans les magasins, trois cent cinquante troncs destinés à recevoir l'obole du riche et l'obole du pauvre, le petit sou qui n'apauvrit guère celui qui donne, et qui enrichit tant celui qui reçoit, « le petit sou qui rend la vie ! » Le dernier exercice, clos à la fin de mars 1884, nous apprend que, sans paraître rien coûter à personne, l'œuvre du sou a rapporté, en douze mois, à Rouen, 7,535 francs. Je ne puis dire quel sera le résultat de l'exercice qui doit se clore en mars 1885 : j'espère qu'il sera beau, et qu'il nous permettra, comme l'année dernière, plus encore que l'année dernière, de fournir aux enfants indigents, garçons et filles, élevés dans les écoles chrétiennes le papier, les livres, les plumes, etc.; qu'on distribue avec tant d'abondance dans les écoles laïques, et même des livres d'offices et des catéchismes, qu'on n'y distribue pas!

Après demain, le dévouement de ces dames procurera certainement à l'œuvre, avec grande abondance, de nouvelles ressources. En vous parlant tout à l'heure de l'exposition d'imagerie religieuse, je n'ai point rendu justice à la valeur artistique des exposants; un autre est chargé de ce soin; mais je ne veux laisser à personne l'agréable devoir de rendre hommage à leur charité. Tous ont bien voulu offrir à l'*Union catholique* les œuvres exposées — des milliers d'images de tous formats, depuis les grandes gravures des chemins de croix jusqu'aux tout petits bons points destinés aux enfants — et l'*Union catholique* a été heureuse, à son tour, de les offrir au *Sou des Ecoles*. Les dames patronnesses ont accepté de les vendre, jeudi prochain, d'une heure à six heures, dans le salon de l'*Union*, 30, place des Carmes. Permettez-moi, messieurs, de vous adresser un appel pressant: vous êtes tous venus voir l'Exposition, venez nous aider à la détruire, en achetant les œuvres qui la composaient, et en en versant le prix dans la caisse du *Sou des Ecoles*.

J'ai nommé le catéchisme parmi les livres qu'elle est appelée à fournir aux enfants; ce n'est pas seulement à ceux des écoles libres, c'est aussi et surtout à ceux des écoles publiques qu'elle se propose de les distribuer. La suppression du catéchisme à l'école est, vous le savez, une des pires innovations de la loi du 28 mars 1882. Que nous sommes loin du temps où l'auteur de la loi de 1833, un protestant, M. Guizot, écrivait ces fortes paroles: « Il faut, « pour que l'instruction primaire soit vraiment bonne et « socialement utile, qu'elle soit profondément religieuse ; « il faut que les impressions et les habitudes religieuses y « pénètrent de toutes parts. Si l'instituteur se regarde « comme le rival indépendant, non comme l'auxiliaire du

2

« prêtre, la valeur morale de l'école est perdue. » Voilà le
langage d'un vrai ministre de l'instruction publique, sachant
penser en chrétien et parler en français! Hâtons de nos
vœux et de nos efforts le jour où un tel langage redeviendra
possible ; mais, en attendant, sachons regarder les choses
en face : rappelons-nous que la loi de 1882, votée par des
franc-maçons, arrache des mains de l'instituteur, quelquefois malgré lui, le catéchisme que la loi de 1833,
rédigée par un protestant, y maintenait avec sollicitude et
respect. Heureusement le dévouement catholique veille :
l'humble petit livre tombé des mains officielles est ramassé
par des mains libres. « Il y a, nous disait l'année dernière
« M. Chesnelong, il y a une œuvre qui ne trouve aucun
« obstacle dans la loi, et qui n'exige dans chaque paroisse
« que le concours actif de trois ou quatre chrétiens de
« bonne volonté; elle fonctionne à Rome depuis le
« seizième siècle, et elle a été honorée des encouragements
« et des bénédictions de nos plus grands papes : c'est
« l'œuvre des catéchismes, pour laquelle il faut organiser
« la sainte croisade de tous les dévouements chrétiens. »
L'appel de l'orateur a été entendu : dans plusieurs paroisses
de Rouen, des dames, des jeunes filles, enseignent le
catéchisme, en dehors des heures de classe, aux élèves des
écoles publiques : mais quelque chose de plus va se faire.
J'ai la joie de vous annoncer qu'une école de catéchisme
va être construite dans un de nos quartiers populaires,
absolument privé d'écoles libres. *La Société civile immobilière
des écoles paroissiales de Rouen et de l'arrondissement*, fondée
en 1879, et apparentée étroitement à l'*Union*, est déjà pro-
priétaire de sept immeubles scolaires, pour lesquels elle a
dépensé un capital de 275,000 francs. D'accord avec le
clergé de la paroisse Saint-Clément, elle va élever sur cette

paroisse, à proximité des écoles publiques, une école exclusivement consacrée à donner aux enfants qui fréquentent celles-ci l'enseignement religieux qu'ils ne peuvent y recevoir. Des religieuses vouées au service des pauvres y apprendront, après les classes, le catéchisme aux petites filles, comme elle le font déjà depuis plusieurs mois, avec plein succès, aux garçons. Sans doute cette fondation suppose des sacrifices de toute sorte : sacrifices d'argent, car même pour payer un terrain restreint et construire un bâtiment modeste, il faudra recourir à la charité ; sacrifice de temps, car il faudra demander à des religieuses absorbées déjà par d'autres soins de prélever sur un repos bien gagné les moments nécessaires à l'enseignement religieux des enfants ; sacrifice aussi de la part de ces derniers et de leurs familles. N'y a-t-il pas quelque chose d'admirable, messieurs, à voir des écoliers, la classe finie, courir à l'école de catéchisme, pour travailler encore ? ne doit-on pas un grand respect à ces familles d'ouvriers, qui, au risque de retarder le repas du soir, de se priver pendant une ou deux heures des services que l'enfant est appelé à rendre dans les humbles ménages, veulent qu'il aille recevoir, loin de la maison, l'enseignement religieux que l'école ne donne plus ?

C'est là, messieurs, ce qui doit ranimer nos espérances et nous encourager à l'effort : le peuple est encore chrétien : chrétien d'instinct et de tradition plus peut-être que de pratique, mais chrétien au fond du cœur, voulant pour son mariage les bénédictions de l'Eglise, pour ses morts des funérailles religieuses, pour ses enfants le catéchisme et la première communion. Il est cela, malgré les séductions de toute sorte qui l'entourent, malgré l'immoralité qui s'étale de toutes parts, sans que les pouvoirs publics, pour des

raisons encore inexpliquées, essaient de la réprimer, malgré
la presse impie et la littérature immonde. Que les catholiques, que les conservateurs le comprennent : le peuple
est encore avec eux, et leur reviendra tout à fait, s'ils
savent, par leurs exemples, se montrer dignes d'être ses
chefs, s'ils savent, par leurs paroles, s'expliquer simplement,
franchement, noblement avec lui. C'est ce que nous voudrions faire par nos conférences, en les rendant chaque
année plus sérieuses, plus instructives, plus actuelles.
L'année dernière, l'*Union catholique* eut le bonheur de
grouper sous son drapeau une phalange d'orateurs dont le
nom seul suffit à faire l'éloge : d'éloquents sénateurs,
M. Chesnelong, M. Fresneau, des professeurs et des juris-
consultes tels que M. Claudio Jannet, M. de Lamarzelle,
M. Groussau, M. Auffray. Les sujets les plus graves ont
été traités : l'enseignement chrétien, le concordat, les laï-
cisations, la franc-maçonnerie, le budget. Quelques esprits
chagrins ont voulu voir dans le choix de ces sujets — dont
je me déclare hautement responsable — de la politique de
parti ; non, messieurs, c'était de la défense sociale, et nous
continuerons. Vous avez pu le comprendre la semaine dernière en écoutant M. Hervé-Bazin parler de la question
ouvrière, avec la foi d'un chrétien et l'autorité d'un éco-
nomiste. Est-ce à dire que nos conférences ont atteint le
but que je vous indiquais tout à l'heure ? Oui, si nous
regardons les conférenciers, non, si nous regardons
l'auditoire. Il est nombreux, sympathique, intelligent,
uni d'esprit et de cœur avec nous ; nous ne saurions
trop le remercier ; mais un élément y manque, celui pré-
cisément auquel nous cherchons à parler, le peuple. Conti-
nuez à venir à nous, messieurs, mais amenez des ouvriers
avec vous : nos conférences alors seront tout à fait

utiles. Il en est temps : n'oubliez pas que 1885 va s'ouvrir, et que le peuple français sera appelé, en 1885, à décider par ses votes si le pouvoir doit rester aux mains de ceux qui veulent détruire la société chrétienne, ou passer aux mains de ceux qui travaillent à la sauver.

J'ai hâte, messieurs, de conclure ce rapport, car j'ai sans doute retenu trop longtemps votre attention ; ne vous en prenez pas à moi, mais à l'importance des sujets que j'ai été conduit à traiter. Les principaux traits de la vie de l'*Union catholique* depuis sa dernière assemblée générale vous sont maintenant connus ; à vous de juger si elle a bien employé son année. Je puis au moins assurer qu'elle l'a bien terminée, car, de concert avec le comité de défense religieuse et le comité des Frères des Ecoles chrétiennes, elle faisait dire jeudi dernier, à Saint-Godard, une messe à laquelle assistaient, avec beaucoup de nos confrères, de nombreux enfants des écoles libres conduits par leurs maîtres : cette messe, qui doit être dite tous les ans, remplacera pour nous à l'avenir celle qui était célébrée le lendemain de notre assemblée générale : elle attestera l'union des œuvres, clora notre année, et appellera les bénédictions de Dieu sur le commencement de l'année scolaire.

Un dernier mot : je l'adresse non plus aux membres de l'*Union catholique*, mais à ceux de nos amis qui, tout en partageant nos convictions, ne travaillent pas encore avec nous. Si, après avoir entendu cet exposé, vous pensez, messieurs, que l'*Union catholique* est une œuvre utile, ayant fait quelque bien dans le passé, capable d'en faire encore dans l'avenir, venez vous joindre à elle. Vos sympathies lui sont acquises, je le sais ; mais elles ne lui suffisent pas : donnez-nous votre adhésion personnelle, votre concours actif. La force aujourd'hui est aux gros bataillons, et, pour lutter contre l'innombrable armée des adversaires de la civilisation chrétienne, il faut être plus nombreux que les Spartiates aux Thermopyles. Ils étaient trois cents : c'est juste notre nombre. S'ils avaient été quelques centaines de plus, ils auraient peut-être barré le passage à l'ennemi.

Après ce discours, l'assemblée a procédé au renouvellement par tiers de la Commission administrative. Ont été élus pour trois mois · MM. Paul Allard, Degruson, Fleury, membres sortants, et M. l'abbé Julien Loth.

M. l'abbé Boutard a ensuite donné lecture du rapport sur l'exposition d'imagerie religieuse :

MONSEIGNEUR, MESDAMES, MESSIEURS,

Il peut paraître étrange, au premier abord, que l'*Union catholique*, société fondée pour la défense des intérêts catholiques, dans un moment où ces intérêts sont de toutes parts si violemment attaqués, vous propose comme un des objets principaux de cette réunion générale, rehaussée par la présence du premier Pasteur de notre diocèse, un rapport sur l'une des branches de l'art chrétien et la distribution des récompenses accordées aux lauréats d'une modeste exposition d'imagerie religieuse.

J'oserai dire cependant que ceux qui ont conçu la pensée de cette exposition et qui l'ont réalisée avec un zèle et un dévouement dont nous ne saurions trop les remercier, n'ont fait que reproduire, sous une forme particulière à notre temps, une des plus anciennes et des plus chères traditions de l'Eglise. Celle-ci, en effet, à toutes les époques de son histoire et même dans les périodes les plus agitées, a toujours montré une constante sollicitude et un infatiguable souci de l'art, et en particulier de l'art populaire.

•Voyez-la plutôt dans les catacombes. Assurément ces longues galeries souterraines où la lumière du jour n'avait jamais pénétré et qui n'offraient aux premiers chrétiens qu'un précaire abri contre l'ardente poursuite des persécuteurs, n'étaient pas un milieu bien favorable au développement de l'art. C'est là pourtant que l'art chrétien eut son berceau. C'est sous ces voûtes basses et obscures que retentirent les premières mélodies de la musique sacrée, chants contenus mais tout vibrants de foi et d'amour qui animaient au martyre. C'est au milieu des tombeaux, dans les couches molles du tuf, si souvent imprégnées de sang, que le pic ou le ciseau des *fossores* creusa ces étroites chapelles dans lesquelles il est permis d'entrevoir la première pensée et comme l'esquisse hâtive des basiliques chrétiennes. Sur leurs parois humides et sombres, à la lueur tremblante d'une lampe funéraire, des mains destinées parfois à être bientôt enchaînées dessinèrent ces gracieux emblèmes, ces symboles touchants et enfin ces saintes images parmi lesquelles celles des *orantes*, dont plusieurs par la pureté des lignes et la simplicité du mouvement rappellent les meilleures traditions de l'antique, en même temps que par l'expression de la pose et du regard elles indiquent la création d'un type nouveau.

Sorti avec l'Église des catacombes, l'art purifié des souillures du paganisme allait devenir un des organes de la vérité ; déjà il avait orné d'admirables mosaïques les basiliques élevées par la main des empereurs ou des pontifs, quand arrivent les barbares nombreux comme les flots de la mer, comme eux aussi se poussant les uns les autres et sous leurs eaux profondes submergeant tout le vieux monde romain. Leurs ravages ne se peuvent décrire. Peuples exterminés, champs dévastés, villes incendiées; les lettres, les arts, les sciences, tous les monuments de l'esprit humain détruits ou mutilés ; telle est la triste image de cet âge de fer.

Dans l'épouvantable désordre des invasions seule l'Église apparaît forte, seule elle entreprend de restaurer tant de ruines et de faire sortir des ruines restaurées un monde nouveau. Elle entre en lutte avec les races conquérantes et elle les domine en les instruisant ; elle les baptise, et en les baptisant elle les civilise ; elle dompte leurs emportements, elle réprime leurs convoitises, elle adoucit leurs mœurs, elle ouvre leur esprit et leur cœur à d'autres jouissances qu'à celles que procurent l'assouvissement des sens et l'ivresse des combats. Enfin, pour achever son œuvre, elle appelle à son aide l'art qui, réfugié dans les monastères, y a trouvé non-seulement un abri, mais bien plus encore, le germe d'une inspiration nouvelle. Par lui, s'emparant de ces mains barbares qui ont tant détruit, elle les emploie, selon l'expression d'un vieil auteur, à revêtir la terre rajeunie de la blanche robe de ses abbayes et de ses cathédrales.

« Rien de plus curieux, rien de plus beau, ajouterons-
« nous, que la physionomie du moyen-âge toute tournée
« vers l'esthétique, dans ce qu'elle a de pur, d'élevé, de
« sublime. Il semble un vaste atelier où chaque peuple,
« chaque cité, chaque homme apporte le tribut de son
« travail et de son génie. » (1)

Partout surgissent des écoles, en Italie surtout où l'action de l'Église est plus immédiate, par conséquent plus forte.

____

(1) L'abbé Hurel. — L'art religieux contemporain. Chap. II.

Sienne, Pise, Florence, Pérouse, Rome donnent le jour à des maîtres comme Giotto, Nicolas de Pise, Duccio, Orgagna, fra Angelico, et tant d'autres qui peuplent les basiliques et les cloîtres de leurs chefs-d'œuvre.

Il est donc vrai que même aux jours les plus mauvais, et parmi des luttes incessantes, l'Église s'est toujours préoccupée d'assurer la conservation et le développement de l'art.

Or, peut-on croire vraiment qu'elle lui eût témoigné tant de sollicitude, si l'art, comme le voudrait une certaine école, n'avait d'autre but que le culte et la reproduction servile de la forme ? si, comme l'a écrit naguère M. Taine, il était le partage exclusif « des esprits oisifs, délicats, point stoïciens, point puritains surtout, aisément choqués des dissonnances, enclins au plaisir sensible et qui emploient leurs loisirs, leurs libres rêves, à arranger harmonieusement, sans autre but que la jouissance, les formes, les couleurs et les sons ? (1) » Assurément non. Et si l'Église s'est plu de tout temps à encourager les artistes, si elle a donné à leurs travaux de si hautes consécrations, c'est qu'elle a reconnu à l'art un autre but que la jouissance, une autre mission que l'amusement des oisifs et des délicats, la mission d'élever les âmes, de leur chanter sous toutes les formes et sur tous les rythmes le *Sursum corda*, de leur inspirer le mépris du faux, du laid, du vulgaire, le goût du vrai, du beau et du bien. Aux yeux de l'Église l'art est un enseignement, un enseignement d'autant plus fécond qu'il agit plus irrésistiblement sur les masses, les faisant monter par la contemplation des charmes périssables de la beauté terrestre jusqu'à la contemplation, jusqu'à l'amour de l'impérissable Beauté.

(1) Hist. de la litt. ang. liv. IV

Voilà pourquoi, au moyen-âge, une église, selon la remarque d'Ozanam, est toute une théologie et tout un poème sacré (1). Quand le génie hardi de l'architecte a jeté dans les airs un immense édifice de pierres, ce n'est pas assez : il faut que ces pierres parlent. Le ciseau du sculpteur les transforme, les idéalise et les fait parler.

Regardez, par exemple, cette immense rosace qui rayonne au front de notre vieille cathédrale, figure sensible de la rose éternelle dont le Christ est le centre, dont tous les élus sont les feuilles. C'est, dit-on, à la vue d'une semblable rosace que vint au Dante l'idée et le plan de son *Paradis*. Au sculpteur succède le peintre qui raconte sur les murs du temple la foi et les espérances de l'humanité : la puissance du Dieu créateur, ses justices et ses miséricordes ; l'œuvre divine du Christ, ses abaissements, ses souffrances, sa mort et son triomphe ; ou encore la vie des Saints, leurs bienfaits, leurs miracles, leurs vertus ; ou enfin le drame toujours ancien et toujours nouveau de la lutte du bien et du mal, dont le dénouement est d'avance enseigné par le spectacle de la glorification des bons et de la punition des méchants. Par ces grandes leçons placées constamment sous les yeux du peuple, l'art exerce sur lui une si réelle puissance qu'on peut dire, sans aucune hyperbole, qu'à chaque apparition d'un chef-d'œuvre correspond une ascension des idées et des mœurs dans la société.

Le peuple lui-même le comprend si bien qu'il célèbre une apparition de cette sorte à l'égal des évènements les plus heureux. Pour n'en citer qu'un exemple, nous rappellerons l'enthousiasme des Siennois lorsque, après

(1) Poètes franciscains.

deux années d'attente, le fameux tableau de Duccio, qu'on a depuis si malheureusement mutilé, fut porté au dôme en procession, par un beau jour de juin, sous un ciel d'azur tout ruisselant de lumière, au son des cloches et au bruit des fanfares, avec un immense cortège où figuraient le clergé, les magistrats et tous les ordres religieux, derrière lequel se pressaient une multitude de citoyens avec leurs femmes et leurs enfants. Pour le plus grand nombre c'était une fête à la fois patriotique et religieuse, car beaucoup marchaient en priant et tenant un cierge à la main. Les boutiques de la ville étaient fermées, et, suivant un usage constamment pratiqué par les Siennois, il y eut, en guise d'actions de grâces, d'abondantes distributions d'aumônes (1).

Si nous avons insisté, un peu trop peut-être, sur la mission de l'art chrétien, c'est que le premier devoir de l'imagerie religieuse est d'en poursuivre, par les moyens dont elle dispose, la réalisation, et qu'à cette condition seulement elle mérite d'être encouragée par l'Église et par ceux qui s'intéressent avec elle à l'éducation morale et religieuse du peuple.

Très modeste en sa forme, mais très puissante parce qu'elle est très populaire, cette branche de l'art chrétien a pris de nos jours une si prodigieuse extension qu'il n'est pas de petit hameau où elle n'ait pénétré. A Paris, dans les villes de province et à l'étranger il y a des maisons considérables qui occupent tout un monde d'artistes, compositeurs, dessinateurs, graveurs, doreurs, coloristes, voire même poëtes, et qui, chaque jour, mettent sous presse et expédient l'image par milliers. Elles ont aussi pour activer

____

(1) Rio. — Art chrét. t. II.

l'écoulement de leurs produits des commis-voyageurs, et vous savez peut-être, par expérience, qu'ils ne sont ni les moins nombreux ni les moins obstinés. Aussi l'image se rencontre-t-elle partout, dans les eucologes, dans les livres de piété, collée aux murs de la chambrette, ou dans les chaumières au-dessus du manteau de la vaste cheminée. Pour beaucoup elle est le seul ornement artistique que l'état de leur bourse leur permet de se procurer.

Les enfants d'ailleurs, et avec les enfants nombre de grandes personnes, aiment les images : et ce goût, en principe, est loin d'être à blâmer. Qui pourrait dire ce qu'on en consomme à certains jours : au jour de l'An, par exemple, aux premières communions, aux anniversaires de naissances, ou à la fête du patron ? Est-il un seul pensionnat duquel on consentirait à se séparer sans avoir échangé avec chacune de ses compagnes une image qu'on se jure de garder éternellement comme le gage d'une amitié éternelle et d'un éternel souvenir ? Oserait-on revenir d'un pèlerinage sans rapporter pour soi et pour ses connaissances une image du sanctuaire, de l'autel ou du saint qu'on a visité ? N'avez-vous pas remarqué enfin, en traversant les rues de la cité, que les vitrines généralement les plus assiégées, ce sont celles où l'on offre aux regards du passant des images qui toutes, hélas ! ne sont pas, tant s'en faut, des images de piété ?

Ainsi répandue et recherchée, l'image peut avoir, sur les classes populaires surtout, une influence considérable. Nos adversaires l'ont bien compris, et tout récemment encore, M₅ Lerolle, avocat à la Cour d'Appel et membre du conseil municipal de Paris, signalait un procédé nouveau adopté par la Libre-Pensée pour « façonner, comme elle dit, des cerveaux républicains, » en réalité pour atteindre le but qu'elle poursuit avec une obstination satanique : la ruine de toutes les croyances religieuses. Ce procédé, c'est la propagande par l'image, et en particulier par l'imagerie scolaire. (1)

On aime à croire que c'est par le fait d'un pur hasard que le ministère de l'instruction publique a pensé, lui aussi, et presque dans le même moment, à faire de l'art un instrument d'instruction populaire, soit par l'ornementation des murs de l'école, soit par la création de musées communaux, soit enfin, et le projet cette fois est moins utopique, en substituant aux grossières enluminures, aux images niaises, selon l'expression du rédacteur officiel, une ou plusieurs séries de récompenses consistant en bonnes gravures.

La *République Française* se serait donc trompée, ou elle aurait été plus franche, en reconnaissant tout simplement que ce que l'on demande aux artistes, c'est de fournir des armes nouvelles contre la propagande cléricale par l'image. Elle-même, d'ailleurs, s'est mise à l'œuvre, et de ses presses est sortie toute une collection avec ce titre : *Enseignement patriotique par l'image*. Cent cinquante sujets ont paru jusqu'à ce jour : plusieurs, par calcul peut-être, ne sont pas mauvais, mais quelques-uns le sont assez pour faire juger de l'esprit qui a présidé à leur composition. Voici par exemple une image intitulée : la Dîme. Elle représente trois moines corpulents, à la face réjouie, contemplant avec une satisfaction visible les denrées que viennent leur apporter

(1) Voir le bulletin de la Société générale d'éducation et d'enseignement, nos de septembre-octobre 1883, et le bulletin de la Société bibliographique, no de septembre-octobre 1884.

des paysans amaigris par le travail et par les privations. Les légendes imprimées au dos de ces images ne sont pas moins instructives. Après avoir raconté la condamnation de Gilles de Laval, maréchal de Retz, accusé d'avoir tué cent quarante enfants, on ajoute: « qu'il n'était pas une exception pour cette époque. » Les Albigeois sont représentés comme « des réformateurs qui n'eurent d'autre but que de ramener prêtres, évêques et papes aux temps et aux lois de la primitive Eglise. » Le protestantisme est salué comme « une des révolutions les plus fécondes des temps modernes. » On n'est pas surpris de voir la Libre-Pensée traiter si librement l'histoire, mais on s'attriste et l'on s'indigne quand on songe que c'est par de pareils mensonges qu'on travaille à pervertir la plus sainte chose qui soit au monde, l'âme des petits enfants.

Pour combattre le mal sur le terrain qu'il menaçait d'envahir, la *Société bibliographique*, le R. P. Vasseur, la maison Dopter de Paris, les éditeurs du *Pèlerin* ont créé des collections d'images ou bons points historiques. Présentées à l'exposition, les collections de la *Société bibliographique* et celles du *Pèlerin* ont frappé les visiteurs et le jury lui-même par leur perfection relative et leur extrême bon marché. Toutes d'ailleurs témoignent d'une généreuse initiative et ont mérité une récompense que nous serons heureux tout-à-l'heure de proclamer. Qu'on nous permette dès maintenant d'exprimer un vœu: c'est que dans le choix des sujets on donne la préférence aux faits certains, comme la rencontre d'Attila et de Léon-le-Grand, sur les faits légendaires qui parfois par leur étrangeté éveillent la défiance, comme saint Denis décapité et portant sa tête dans ses mains.

Ce serait peut-être ici l'occasion de dire un mot de l'ima-

gerie commerciale, nouveau mode de séduction employé,
pour embellir la marchandise et tenter l'acheteur. Le moins
qu'on puisse exiger d'elle c'est qu'elle soit décente, et il
paraît qu'elle ne l'est pas toujours.

Mais il nous tarde de revenir à l'imagerie religieuse
proprement dite. Celle-ci, pour réaliser sa mission, doit
remplir deux conditions : instruire, et en instruisant res-
pecter les règles de l'art et du bon goût.

Instruire, avons-nous dit : non pas sans doute à la manière des grands maîtres, non pas comme l'a fait Raphaël,
dans son incomparable fresque si improprement appelée la
Dispute du Saint Sacrement. Une pareille œuvre nous paraît
être dans le domaine de l'art ce qu'est dans le domaine de
la théologie la Somme de saint Thomas. Or, pour atteindre
son but, ce n'est pas une *Somme* que l'imagerie religieuse doit produire, mais un *catéchisme*, c'est-à-dire
dans un cadre nécessairement restreint, une représen-
tation simple mais toujours exacte des dogmes et des
mystères chrétiens, des faits principaux de l'Ancien et
du Nouveau Testament, de la vie de la Vierge Marie ou
des Saints ; le tout dans un style clair, exempt de prétention
et qui soit à la portée de toutes les intelligences. Sans
s'astreindre à copier servilement les maîtres, un habile
imagier peut, en s'inspirant d'eux, en se montrant comme
eux respectueux des textes et de la tradition, exécuter une
œuvre personnelle digne à la fois et de la sainteté des sujets
qu'il traite et des suffrages de tous les hommes de goût.
Une telle œuvre honorerait le crayon ou le burin d'un
artiste. D'illustres maîtres ne l'ont point dédaignée. C'est
ainsi que, pénétré de sa vocation d'artiste chrétien, Léonard
de Vinci travaillait par tous les moyens à l'éducation esthétique de ses concitoyens, et il étendait cette généreuse

initiation aux plus pauvres d'entre eux en réformant l'art religieux dans ses rapports avec la dévotion populaire (1).

Nous sommes heureux de constater que sous l'empire de la même pensée des hommes de talent, en France comme à l'étranger, se sont consacrés en ces derniers temps à la rénovation de l'imagerie religieuse. Il faut malheureusement regretter que leur exemple n'ait pas été suivi de tous. Il y a encore des imagiers qui, dans le choix et la composition de leurs sujets, ne semblent suivre d'autre inspiration que leur caprice. Sans respect pour les textes les plus formels ou pour les traditions les plus autorisées, ils maltraitent à ce point les scènes même les plus populaires de l'Evangile qu'ils les rendent méconnaissables. D'autres, au lieu de ce catéchisme dont nous parlions tout-à-l'heure, nous offrent les vaines élucubrations d'un mysticisme faux et outré, ou, ce qui est plus grave encore, naturaliste et sensuel, tel qu'on le rencontre hélas! en certains livres de piété et qu'on pourrait appeler une Somme de mauvais goût et de ridicule. C'est ainsi que la commission de l'Art chrétien s'est vûe dans la nécessité de retirer de l'exposition des images dont la vue n'aurait pu que prêter à rire aux adversaires de nos croyances.

Le mystère du Sacré-Cœur est un de ceux qui sont le plus souvent et le plus mal exploités. La figure du Christ y est presque toujours représentée d'après un type qu'on croirait emprunté à ces hérétiques d'autrefois appelés les Docètes, lesquels prétendaient que le Verbe n'avait pris du corps humain que l'apparence. En effet, il n'y a qu'une apparence en cette sorte d'images. Et encore quelle apparence! Quelque chose de mou, d'anémique, d'efféminé, un

(1) Rio, Art chrétien. Ch. VIII.

jeune homme au regard vaporeux, au geste languissant, à la bouche tendre, ordinairement entouré d'une légion de petites colombes, les unes mangeant dans sa main, d'autres perchant sur son épaule, tandis que quelques-unes, plus hardies, et profitant sans doute de sa grande faiblesse, vont jusqu'à lui becqueter le cœur.

L'image de la Vierge n'est pas mieux traitée. Sans parler du rôle et des attributs qu'on lui prête dans une mesure peu orthodoxe, c'est une mièvrerie qui va parfois jusqu'à l'inconvenance, comme dans cette image où l'on voit un gros enfant bouffi, assis sur les genoux d'une femme qui doit être sa mère, et lui caressant le menton, avec cette légende: « Vous êtes toute belle, ma bien-aimée, » ce qui, à ne considérer que l'image, est loin d'être vrai.

Vous parlerai-je maintenant des mystères du *Château intérieur de l'âme ?* C'est un petit recueil composé de huit images que la commission, par respect pour ses visiteurs, s'est vue obligée d'exposer.... au fond d'une armoire. L'âme c'est, bien entendu, une petite colombe. Au premier feuillet, la pauvrette nous apparaît portant au cou de lourdes chaînes à l'extrémité desquelles sont attachés un paon, des reptiles, et, puisqu'il faut le dire, un petit cochon. Impossible, vous pensez bien, d'entrer au *Château intérieur* avec un pareil cortège. D'ailleurs la porte est fermée. Je dis la porte, faute d'autre expression, car ce n'est, à la vérité, ni une porte ni une fenêtre. Cela s'entr'ouvre au second feuillet et le maître apparaît sous cette forme et d'après ce type que nous vous signalions tout-à-l'heure. Débarrassée de son plus lourd fardeau, car le petit cochon a disparu (restent seulement le paon et pas mal de reptiles), comment la colombe, où l'âme, faut-il dire, va-t-elle pénétrer dans le *Château intérieur ?* Par la cheminée sans doute, car nous ne voyons pas qu'on puisse donner un autre nom à l'ouverture que le doigt du maître lui désigne et au fond de laquelle une croix rayonne en guise de foyer Nous vous épargnons la description du reste: la colombe montant un escalier avec la croix sur son dos; la colombe buvant à une cascade d'agrément; la colombe métamorphosée en papillon, ce qui, pour les initiés, se nomme la mort mystique; la colombe revenue à son premier état et le cœur percé d'une grosse flèche, le tout finissant par un mariage appelé spirituel, malgré qu'il ne soit pas spirituel du tout.

A l'abus du mysticisme il faut ajouter comme corollaire l'abus de l'emblème. Non pas que l'emblème soit absolument condamnable. En éveillant la curiosité il fixe l'attention; il peut donc être employé utilement pour faire pénétrer dans l'esprit ou dans le cœur une vérité, une pieuse pensée, un sentiment élevé ou délicat. Mais c'est à la condition de n'être point obscur comme un rébus, ou de ne pas affecter des formes prétentieuses et puériles derrière lesquelles on ne saurait dire que la pensée se cache, puisqu'il n'y en a point. Or, qu'il y a peu d'emblèmes où ne se rencontre quelqu'un des défauts que nous venons d'indiquer! Témoin ce cœur d'un rouge écarlate cloué à une croix et relié par des chaînes à une rangée d'autres cœurs, tous d'un rouge non moins écarlate bien qu'ils ne soient pas crucifiés. Témoin ce nid si singulièrement placé dans le pied d'un ciboire pour rendre cette pensée si simple et si vraie du cardinal Pie: « Il n'y a qu'un seul abri, ô Jésus, et cet abri c'est vous. » Témoin encore cette hostie disparaissant à l'horizon d'un lac, comme un soleil couchant, avec cette légende anonyme que nous n'avons pas su comprendre: « La miséricorde de Jésus est un océan sans fond où rien ne surnage. » Témoin enfin cette colombe occupée à creuser de son bec une croix, et s'autorisant dans son étrange et difficile labeur de cette phrase échappée par mégarde à la plume d'un éminent écrivain: « Ne creusez cette croix que pour en faire la barque qui doit vous conduire au ciel. »

Les images mortuaires elles-mêmes, celles qui devraient être, entre toutes, graves et simples, n'échappent pas aux fantaisies funèbres des compositeurs d'emblèmes. Un calice mal suspendu dans l'espace et de sa coupe inclinée laissant échapper une liqueur qui arrose une tombe, tandis que de cette tombe une âme s'échappe sous la forme d'une flamme ; peut-il se concevoir une allégorie plus fausse et plus ridicule? Et pourtant elle n'est pas la seule de son espèce.

Achevons de suite, puisqu'il le faut, la part de la critique. Elle portera cette fois sur l'oubli par trop facile que certains imagiers font paraître à l'égard des règles les plus élémentaires de l'art. Exiger d'eux, surtout dans les productions à bon marché, une parfaite correction de dessin serait excessif. Est-il excessif de réclamer quelque souci du dessin? Dans une image livrée au commerce au prix de quelques centimes, on ne peut attendre un soin très étudié de la forme. Mais n'est-on pas en droit de demander que la figure de Jésus-Christ, ou celle de sa divine Mère et des Saints, ne soient pas traitées comme de simples caricatures?

Si l'on emploie la couleur, est-il obligatoire de n'en employer à la fois que d'une sorte et de teindre toutes ses images en vert, en jaune, ou en brun? Si l'on aspire à mélanger les tons, faut-il que ce soit presque toujours le bleu et le rouge, contraints de se heurter sans cesse et malgré un si fréquent contact ne réussissant à se fondre jamais?

Il est vrai que sur ce point comme sur beaucoup d'autres le mauvais goût des acheteurs fait souvent le mauvais goût des éditeurs. Mais, puisque le but principal de l'exposition d'imagerie religieuse est de contribuer à la réforme du goût public, ce qui dans les œuvres exposées nous a paru répréhensible, n'était-ce pas notre devoir de le signaler?

Notre tâche d'ailleurs va devenir moins ingrate puisqu'il ne nous reste plus qu'à solliciter vos applaudissements et vos suffrages en faveur des exposants récompensés par le jury.

Deux bases d'appréciations s'offraient à celui-ci : ou bien la valeur intrinsèque des collections qui lui ont été soumises, ou bien les avantages qu'elles présentent au point de vue de la propagande. Après mûre délibération le jury n'a pas cru devoir s'arrêter à cette dernière considération. C'est donc les progrès réalisés uniquement au point de vue artistique que, par ses décisions, il s'est proposé de récompenser.

La Société Arundel, de Londres, avait bien voulu nous confier quelques-unes de ses magnifiques reproductions polychrômes des fresques des grands maîtres. Ces reproductions, un des plus beaux ornements de notre exposition, ont excité la juste admiration et des visiteurs et du jury. Mais par leurs dimensions aussi bien que par leur prix relativement élevé elles ont paru sortir du cadre de l'imagerie religieuse et elles ont été mises hors concours.

Une seule médaille d'or, deux médailles de vermeil grand module, deux médailles d'argent grand module, deux médailles d'argent petit module, six médailles de bronze grand module, quatorze médailles de bronze petit module, ont été décernées par le jury.

Parmi les exposants qui ont obtenu ces médailles, un certain nombre résidant à l'étranger ou retenus par leurs occupations nous ont fait parvenir avec leurs remerciements leurs regrets de ne pouvoir assister à la réunion. Nous prions ceux qui sont ici de se présenter à l'appel de leur nom.

La Société de Düsseldorf, représentée à Paris par M. Schulgen, a exposé une collection très nombreuse de gravures. Fondée il y a environ trente ans, cette Société prit l'initiative d'un mouvement destiné à combattre la décadence toujours croissante de l'imagerie religieuse. Elle a eu depuis cette époque plusieurs imitateurs, mais on peut dire que nul ne l'a surpassée. Les artistes allemands comme Cornelius, Steinle, Muller, Fuhrich, Ittenbach, et surtout Overbeck, lui ont fourni la plupart de ses compositions. Quelques-unes cependant ont été empruntées à l'école italienne ou à l'école française. Nous avons été heureux d'y rencontrer le nom de Savinien Petit, cet artiste d'un talent si vrai, si profondément religieux, mais trop modeste peut-être pour notre temps, au pinceau duquel le goût éclairé et délicat de notre vénéré archiprêtre fit appel quand il voulut orner de fresques le chœur de sa chère église Saint-Gervais. Rien n'égale d'ailleurs la variété des sujets traités par les dessinateurs de Düsseldorf, si ce n'est l'étude consciencieuse des modèles et le soin apporté dans leur reproduction. Aussi le jury a-t-il décerné à l'*Association propagatrice de l'Imagerie religieuse* la plus haute récompense de l'exposition, l'unique médaille d'or.

La maison Alcan, de Paris, a présenté, avec des images d'encadrement parmi lesquelles un Chemin de Croix très convenablement traité, une série de compositions dont quelques-unes gravées au trait sur fond noir avec des accessoires du meilleur goût. L'ensemble de son exposition fait honneur à l'imagerie française. Le jury lui a attribué une médaille de vermeil grand module.

Semblable médaille a été accordée à la maison Pustet, de Ratisbonne. Sa riche collection permet d'apprécier et les progrès réalisés et les progrès réalisables dans ce qu'il nous semble permis d'appeler le coloris industriel. La même maison a exposé une reproduction in-folio de la fresque de Saint-Benoît au Mont-Cassin, œuvre très réussie, mais qui n'appartient pas à l'imagerie religieuse proprement dite.

Les deux médailles d'argent grand module ont été données : l'une, à la maison Desclée, de Lille, l'autre à la maison Benziger, d'Einsiedeln (Suisse).

La première a exposé une collection très variée, de tous formats et de tous prix, comprenant des images soit polychrômes, soit gravées sur fond noir, les unes et les autres manifestement inspirées des manuscrits du moyen-âge, du xive et du xve siècle généralement. A cette collection il faut ajouter des collections non moins remarquables de diplômes, de cachets de première communion, de souvenirs d'ordination, de canons d'autels, d'images pour missels, œuvres de science et de goût qui attestent que la maison Desclée, si universellement appréciée pour ses belles publications typographiques, est aussi celle qui, peut-être, a le mieux réussi à unir à un réel mérite artistique de grandes facilités pour la propagande. Il est à souhaiter que ses images petit format, d'un prix si modéré, soient goûtées du public comme elles méritent de l'être. La maison Desclée aurait ainsi contribué pour une large part à ramener l'imagerie religieuse dans les bonnes et saines traditions.

Ce n'est pas à dire que le goût moderne soit nécessairement du mauvais goût, et il n'y a que justice à le reconnaître après avoir examiné l'exposition de la maison Benziger, en particulier sa très intéressante collection représentant la vie de la Sainte-Vierge, œuvre posthume de Fuhrich.

MM. Méniolle, de Paris et Knopfer, de Vienne, ont obtenu les deux médailles d'argent petit module.

Pour ne pas laisser à l'Allemagne le monopole des belles gravures, l'éditeur parisien a entrepris, au prix des plus grands sacrifices, une œuvre qui a droit aux encouragements de tous les hommes de goût. Ces encouragements lui permettront, nous l'espérons, de se développer davantage, et il est permis d'augurer que ce sera tout à l'honneur de l'art chrétien.

La *Vie du Patriarche Joseph*, de l'éditeur viennois, s'est fait remarquer par la chaleur du coloris et l'élégance du dessin. Elle forme malheureusement un tout inséparable, d'un prix assez élevé, ce qui la rend peu propre à la propagande.

Le *Pèlerin*, outre ses bons points historiques dont nous avons parlé plus haut, a envoyé à l'exposition quelques feuillets d'un fort beau catéchisme en images, lequel a le tort de coûter cent francs l'exemplaire. Les catéchistes assez heureux pour pouvoir se le procurer y trouveront un utile secours pour fixer l'attention de leur jeune et mobile auditoire. Des éloges si bien mérités par le *Pèlerin*, nous devons excepter deux images tombées par hasard entre nos mains et intitulées le *Chemin de la Vie*. Elles choquent ouvertement et les convenances et le goût.

Le jury lui a accordé pour l'ensemble de son exposition, une médaille de bronze grand module.

Même médaille au R. P. Vasseur, missionnaire, pour ses publications catéchistiques si heureusement illustrées, pour sa réponse en images, réponse très curieuse et tout à fait décisive adressée au colonel chinois Tchen-Ki-Tong, lequel, dans un article publié par la *Revue des Deux Mondes*, avait nié que l'infanticide fût en usage dans sa patrie. L'œuvre du P. Vasseur est surtout une œuvre de propagande et nous faisons des vœux pour qu'il lui soit donné d'atteindre le but qu'elle poursuit.

Quatre autres médailles de bronze grand module ont été décernées à la *Société Bibliographique*, pour ses bons points ; à la maison Mantz, de Ratisbonne, pour des gravures dont il faut louer et le choix judicieux et la bonne exécution ; à madame Chailloux-Valleix, de Paris, pour un *Chemin de Croix* satisfaisant ; à la maison Bouasse-Lebel, de Paris, maison bien connue à laquelle il faudrait peut-être conseiller de faire moins pour faire mieux.

Quatorze médailles de bronze petit module ont été distribuées par le jury comme il suit: à M. Berthiault, de Tours, éditeur d'images modernes de bon goût et dont on ne peut que recommander la propagande ; à M. Dopter, de Paris ; à la maison Gisler, d'Altdorf (Suisse) ; à M. le chanoine Pallard, qui a entrepris la reproduction par la chromo-lithographie des portraits de tous les souverains Pontifes, d'après les médaillons en mosaïques de Saint-Paul-hors-les-Murs ; à MM. Georges Bobin, Lamarche, Blériot et Gauthier, Morel, Vayen, éditeurs à Paris ; à M. Olivier Pinot, de Tours, à M. Herluison, d'Orléans, à Mlle Boulet, d'Alençon, à M. Burchardt, de Wissembourg, à M. Bonamy, de Poitiers.

A titre de remerciement ou de souvenir une médaille de bronze petit module a été offerte à M. l'abbé Colombe, à la communauté de Saint-Joseph de Rouen, à Mlle Buhot, de Bensecours, à M. Fleury, de Rouen, à MM. Besnard, Gluck, Gobat, à M. Cru, photographe, à M. Belhomme, f représentant de l'Orphelinat de Vienne, en faveur duquel a été édité un joli *Rosaire* illustré, d'après les dessins du professeur Klein.

Qu'on nous permette en terminant de remercier tous ceux qui ont contribué au succès de notre exposition et d'exprimer le regret que certains éditeurs, parmi lesquels une maison très considérable du Centre, se soient refusés, malgré les plus pressantes sollicitations, à y prendre part. Nous sommes persuadés qu'en nous confiant leurs œuvres, ils eussent bien mérité de l'imagerie religieuse et concouru à prouver que le culte de l'art chrétien, naguère si florissant en France, n'a pas encore déserté notre patrie pour passer à l'étranger.

A l'appel de leurs noms, deux des lauréats, MM. Alcan et Méniolle, sont venus, aux applaudissements de l'assistance recevoir des mains de Monseigneur l'archevêque les médailles que le jury leur avait attribuées.

M. Paul Allard a pris de nouveau la parole pour la proclamation du lauréat du Salon rouennais couronné par l'*Union catholique*. Il s'est exprimé en ces termes :

MESSIEURS,

Je suis confus de prendre encore une fois la parole ; mais j'ai, dans la question qui va vous être soumise, une responsabilité personnelle, et je dois la supporter toute entière.

Vous vous souvenez, Messieurs, qu'au mois d'août dernier s'est ouvert, au Musée, le Salon municipal de peinture et sculpture. Tous ceux qui suivent avec attention les expositions artistiques, à Paris et en province, constatent avec regret l'amoindrissement chaque jour plus sensible du grand

art, et, en particulier, la disparition presque complète des
tableaux religieux. Jamais, peut-être, les artistes n'ont été
plus habiles; jamais l'art n'a été plus petit. L'idéal dis-
paraît avec la foi. Avec elle seule il pourra revenir. Telle
fut la pensée dont s'inspira votre section d'art quand,
désireuse d'appeler sur les sujets chrétiens l'attention des
artistes, elle décida d'offrir à la municipalité une médaille
d'or de cent francs, pour être distribuée, au nom de l'*Union
catholique*, à la meilleure œuvre d'art religieux exposée au
Salon rouennais.

La municipalité refusa, sous prétexte que notre médaille
courrait le risque d'être attribuée « à une œuvre indigne
de toute distinction. » Nous ne pouvions prendre au sérieux
une telle réponse, et, dans l'intérêt de l'art, dont nous nous
préoccupions exclusivement, je consentis à écrire directe-
ment au maire. Je lui expliquai nos sentiments avec une
absolue franchise ; je lui dis que « forcés trop souvent de
« nous défendre contre les actes de l'administration muni-
« cipale quand ils blessent nos droits de croyants, de
« citoyens et de pères de famille, nous ne refusons pas de
« nous rapprocher d'elle sur les terrains neutres où les
« honnêtes gens de toutes les opinions peuvent se ren-
« contrer sans se combattre; » je lui demandai de ne pas
répondre « à un acte de libéralisme par un acte d'intolé-
« rance; » je le suppliai « de ne pas mettre des intérêts de
« parti au dessus des intérêts de l'art. » La réponse du
maire fut telle que ses pires ennemis politiques l'eussent
désirée; pour nous, qui ne portions dans cette affaire
aucune passion, elle nous surprit et nous contrista profondément. Il nous écrivit que le refus de la municipalité,
auquel il s'associait, avait pour but de « rester dans le
« domaine de l'art » et d'éviter avec soin « toute question

« politique et religieuse. » Ainsi, récompenser un tableau religieux — l'œuvre d'un Fra Angelico, d'un Raphaël, d'un Lesueur ou d'un Flandrin, si Dieu suscitait encore parmi nous de tels hommes — c'est, dans la logique de la municipalité rouennaise, et dans la logique personnelle de M. le maire de Rouen, sortir du domaine de l'art, pour entrer dans celui de la politique ! Il nous restait, Messieurs, deux choses à faire : prendre acte de ces paroles, et les livrer au jugement de l'opinion ; déclarer que nous passions outre, et que la médaille refusée par la municipalité serait décernée par l'*Union catholique* dans son assemblée générale. Nous étions tous, à ce moment, dispersés et en vacances : je pris sur moi d'agir ainsi, et ma conduite fut approuvée par la section d'art chrétien et par votre commission administrative.

Vous êtes maintenant appelés, Messieurs, à ratifier le choix du lauréat. Qu'il me soit permis, avant de le proclamer, de calmer d'un mot les scrupules de la municipalité et les appréhensions de M. le maire de Rouen : l'œuvre que la section d'art chrétien a décidé de récompenser n'est point « indigne de toute distinction », car elle a obtenu, l'année dernière, à Paris, le prix du Salon ; elle fournirait difficilement prétexte à une manifestation politique, car elle a été achetée par l'État, et c'est au nom de l'État qu'elle a été exposée au Salon rouennais.

Vous avez remarqué, Messieurs, dans la principale salle de l'exposition de peinture, un tableau exposé sous le n° 559 : il faisait face à l'*Andromaque* de Rochegrosse, comme si l'on avait voulu mettre en regard, par un contraste habilement ménagé, le profane et le sacré. Le sujet est *Jésus chez Marthe et Marie.* Vous connaissez la scène évangélique : Jésus reçoit à Béthanie l'hospitalité des deux sœurs; Marie écoute dans le ravissement de l'extase là parole du divin maître; Marthe, trop empressée aux soins matériels de l'hospitalité, reçoit de la bouche du Christ un doux reproche. L'artiste a traduit simplement cette scène. A-t-il évité tous les écueils ? Non, sans doute. Jésus porte le costume traditionnel, demi-grec, demi-romain, que l'art lui donne depuis des siècles ; mais la maison où il est reçu est une véritable maison arabe, Marthe et Marie ont le teint mat, le profil busqué, les yeux éclatants des femmes de l'Orient. Ce mélange des anciennes conventions artistiques et d'une couleur locale toute moderne surprend comme un manque d'harmonie. Entre l'ancienne et la moderne manière de traiter le sujet, l'artiste n'a osé prendre parti. Son œuvre s'en ressent ; elle n'a pas l'autorité, la certitude absolue des vrais tableaux religieux. A certains égards, on y reconnaît une étude orientale plutôt qu'une de ces grandes œuvres de foi vive et d'art absolument souverain que nous aimerions à récompenser. Cependant les qualités l'emportent tellement sur les défauts, les convenances du sujet sont si complètement respectées, la valeur technique de l'ouvrage est si grande, que l'*Union catholique* ne pouvait hésiter à offrir la médaille fondée par elle à l'auteur de *Jésus chez Marthe et Marie*. Il a déjà reçu des distinctions plus éclatantes, d'autres l'attendent certainement dans une carrière encore à ses débuts ; nous souhaitons que la modeste récompense décernée aujourd'hui lui soit un encouragement à entrer dans une voie trop délaissée et qu'il pourrait parcourir en maître.

L'*Union catholique* décerne la médaille d'or de cent francs à M. Paul Alexandre Le Roy, auteur du tableau inscrit sous le n° 559 au catalogue du dernier Salon rouennais.

M. Paul-Alexandre Le Roy, retenu au Caire, a fait parvenir au président de l'*Union catholique* ses excuses de ne pouvoir venir recevoir en personne la médaille qui lui était attribuée, et l'expression de sa reconnaissance.

La parole est ensuite donnée à M. le comte d'Estaintot, qui lit le rapport suivant :

MONSEIGNEUR,

MESSIEURS,

Je viens acquitter près de vous un engagement d'honneur pris par le bureau de l'*Union catholique*, au moment du dernier congrès, et ma pensée aime à se reporter vers l'époque ou des hommes de foi et d'énergie, venus de toutes les parties de la province, nous prêtèrent leur concours pour inaugurer, à l'exemple des catholiques du Nord, le premier congrès des catholiques de Normandie.

A ce souvenir est pour moi étroitement uni celui de S. E. Mgr le cardinal de Bonnechose. Plus qu'aucun autre de mes collègues, je me trouvai particulièrement chargé d'en arrêter avec lui les conditions préliminaires et j'ai conservé, comme un souvenir pieux, celui de la dernière conférence que nous eûmes à Paris, où il m'appela quelques jours avant son retour à Rouen, qui, de si près, devait précéder sa mort. Il s'agissait d'arrêter les dernières parties de notre programme, celles surtout qui en concernaient le côté religieux. Jamais sa paternelle bienveillance pour notre œuvre ne s'était manifestée avec une plus touchante effusion. C'est à ce moment qu'il nous fit, d'une manière définitive, la promesse d'en inaugurer solennellement l'ouverture. Dieu l'a rappelé à lui avant cette date, et nous n'avons pas eu le bonheur de l'entendre appeler les bénédictions du ciel sur une œuvre dont il avait si longtemps suivi la préparation. Mais son influence a plané sur nos réunions, et la haute sagesse qu'il apportait dans toutes ses décisions semble avoir inspiré les résolutions du congrès.

Pardonnez-moi, Monseigneur, d'avoir évoqué ce souvenir, mais ici tout est plein de celui du congrès et je ne puis me retrouver dans cette salle sans croire entendre y résonner encore les voix éloquentes que nous y avons applaudies.

J'appelle de mes vœux le jour où il nous sera donné de préparer une nouvelle session de ces catholiques assises, et lorsque nous en obtiendrons l'autorisation de la bouche vénérée de notre premier pasteur, nous serons tous, je l'espère, prêts, comme l'année dernière, à recevoir ici nos confrères de Normandie.

Mais ce n'est point de cette question, Messieurs, que j'ai à vous entretenir. Je viens, en quelques mots, solliciter la sympathie de nos amis pour une œuvre plus modeste et cependant digne de tout leur intérêt, je veux parler de la création d'une bourse près la Faculté libre de médecine de Lille.

Vous n'avez pas oublié à qui en est due l'initiative.

A la quatrième séance générale de ce congrès, M. le comte de Caulaincourt fit ressortir, en termes émus auxquels nous applaudissions tous, les services que peut rendre à la cause que nous défendons un médecin partageant notre foi, combien il est intéressant d'en multiplier le nombre, en participant aux sacrifices pécuniaires faits si généreusement pour la création de la Faculté de médecine de Lille. Elle est la première, et jusqu'à ce jour la seule, qui ait pu être fondée dans les conditions imposées par la loi du 12 juillet 1875.

Espérons que d'ici peu, l'Institut catholique de Paris,

vers lequel convergent en première ligne nos sympathies et nos souscriptions, nous fournira la possibilité de lui appliquer le bénéfice de la bourse que nous voulons aujourd'hui créer.

Il rencontrera de grandes difficultés pour y parvenir ; M. de Caulaincourt vous a dit, l'année dernière, dans quelles conditions exceptionnellement heureuses la Faculté de Lille a été fondée, comment elle a pu satisfaire à l'obligation d'avoir un hôpital de 200 lits. Il a indiqué toutes les créations accessoires : gésine, double dispensaire, sans compter les salles de dissection, laboratoires, collections d'anatomie et d'instruments, jardin botanique, bibliothèque.

Aussi de nombreux élèves ont-ils pris le chemin de Lille, sûrs de trouver près des professeurs des soins et des encouragements tout particuliers.

Ils étaient 80 étudiants en médecine en 1881, ils sont 158 aujourd'hui.

53 Docteurs sont déjà sortis de la Faculté de Lille, et, comme me l'écrivait hier encore M. de Caulaincourt, de toutes parts des postes avantageux leur sont offerts, et leurs succès aux examens dépassent la moyenne obtenue par les étudiants de l'État, bien qu'on ne puisse suspecter en leur faveur la partialité des jurys officiels.

Dans ces conditions, n'avons-nous pas à nous associer à ces efforts ? N'existe-il pas dans nos campagnes des cantons où la présence d'un médecin capable, expérimenté et bon chrétien, serait considérée comme un bienfait ? Ne serait-il pas à propos de donner aux jeunes gens studieux et mal dotés du côté de la fortune une preuve de sympathique intérêt, et le meilleur moyen d'y parvenir ne serait-il pas de créer une bourse destinée à faciliter à un jeune homme sans fortune les moyens de suivre les cours de la Faculté de Lille et de parvenir au doctorat ?

La dépense annuelle serait de 12 à 1,500 fr. Elle devrait être prolongée pendant cinq années d'étude et représenter uniquement la dépense nécessitée par la vie matérielle de l'étudiant dans une de ces maisons de famille où il trouve une « direction à la fois douce et forte qui rappelle les joies, les affections et les salutaires influences du foyer paternel (1). »

Dans la pensée de M. de Caulaincourt, déjà réalisée dans les diocèses de Séez, de Reims et de Besançon, ces sommes ne constituent que des avances que l'étudiant rembourse lorsque, parvenu au terme de ses études, il occupe une situation qui lui permet de le faire.

La bourse, une fois fondée, se renouvelle ainsi d'elle-même.

Aussi, l'*Union catholique*, pénétrée des avantages qu'offre une telle création, a pensé qu'il était de son devoir de ne pas négliger cette source de propagande chrétienne, et, en attendant le jour où l'Institut catholique de Paris aurait une Faculté de médecine, elle vous propose d'entretenir un boursier à la Faculté de Lille.

Telle est l'œuvre éminemment utile à laquelle nous demandons à nos amis de concourir, et je termine en vous disant, Monseigneur, combien nous serions heureux si notre projet recevait aujourd'hui votre haute approbation, et si la première souscription recueillie par nous était celle de Votre Grandeur.

(1) Rapport de M. de Caulaincourt. — Congrès de Rouen, page 177.

Monseigneur l'archevêque a bien voulu terminer la séance par une éloquente allocution. Nous regrettons de n'avoir pu recueillir textuellement ses paroles improvisées, et de n'en offrir au public qu'un pâle resumé :

« Vous portez un beau nom, Messieurs. Ce nom d'*Union catholique* signifie que vous êtes étroitement unis par la foi et par la charité ; vous vous êtes élevés, pour l'Église et la France, au-dessus des préoccupations de parti et des rivalités d'intérêt, et vous vous êtes établis sur un terrain solide et commun, la religion ; vous vous êtes associés fraternellement et généreusement pour faire le bien et pour le bien faire. »

Monseigneur commente cette pensée : faire le bien, et le bien faire, avec l'élévation habituelle de ses idées et l'ampleur que son cœur sait donner à toutes les questions. « Et dans quels temps, au milieu de quelles difficultés les catholiques ont-ils à exercer leur zèle et leur charité ? N'y a-t-il pas en ce moment en présence deux grandes armées, l'armée du bien, l'armée du mal ?

« L'armée du mal, composée d'hommes très différents, très divisés sur toutes les questions, mais réunis par un lien d'une force presque irrésistible et qui semble indissoluble, la haine de la religion, marche au but, avec un ordre, une persévérance, une méthode que nous devrions imiter. Elle sait où viser pour atteindre cruellement ceux qu'elle blesse ; et bien qu'en définitive elle ne puisse triompher, elle ne s'égare jamais dans les coups qu'elle porte. Que ne trouve-t-on cette cohésion, cette discipline, cette ardeur dans l'armée du bien ? »

Monseigneur montre dans un tableau d'une poignante réalité l'indifférence et l'apathie d'un grand nombre d'hommes que le mal dégoûte et épouvante, et qui cependant ne savent pas prendre place dans l'armée du bien. Avec quels accents d'éloquence il flétrit l'inaction ou la peur de ces pusillanimes ! « Est-ce quand l'incendie dévore la maison qu'il faut se croiser les bras et contempler inerte et désespéré les ravages de la flamme ? Est-ce quand le navire menace d'être submergé par les flots qu'on peut se retirer à l'écart et refuser de travailler au sauvetage ? Que dire d'un soldat qui jette ses armes dans la mêlée et se cache honteusement, au lieu de combattre ? A quoi servent les plaintes et les lamentations, si l'on ne fait rien pour conjurer le péril ? Il faut sortir de la torpeur et de l'égoïsme, se réveiller, s'unir et agir. Cette action doit être réglée pour être efficace, et dirigée pour être forte. Elle doit s'inspirer des conseils de la sagesse, de la prudence, de la charité, demeurer hautement chrétienne ; elle n'en sera que plus puissante et plus salutaire. »

Monseigneur fait donc appel aux hommes de bonne volonté. Il trace en termes magnifiques le devoir de l'heure présente et montre comment les œuvres de l'*Union catholique*, les écoles libres, l'œuvre des catéchismes, les conférences publiques répondent à ce devoir. Le soin des enfants et des pauvres, le salut des âmes de tous les déshérités de ce monde, lui arrachent des cris paternels. « A l'œuvre donc, messieurs ! s'écrie Monseigneur, et si parfois, dans les épreuves et les tribulations que nous réservent les luttes présentes pour l'Église et pour la patrie, vous sentez votre âme défaillir, lisez quelques-unes de ces pages éloquentes dans lesquelles votre président, M. Allard, a retracé l'histoire des persécutions chrétiennes ; priez avec foi, priez à deux genoux devant votre crucifix, et écriez-vous : Moi-aussi, je serai l'apôtre de la vérité ; moi aussi, je serai l'ouvrier de la charité ; moi aussi, je serai témoin du Christ, et au besoin, avec sa grâce, j'en serai le martyr ! »

Ces paroles ont soulevé l'émotion et les acclamations de tous, et, c'est à genoux que l'assemblée a reçu comme gage de la protection de Dieu la bénédiction pontificale.

La séance a été levée à dix heures.

ROUEN

IMPRIMERIE NOUVELLE

PAUL LEPRÊTRE